Todos a bordo de la
Interestatal

Alyxx Meléndez

Asesor

Brian Allman
Director
Escuelas del Condado de Upshur, Virginia Occidental

Créditos de publicación

Rachelle Cracchiolo, M.S.Ed., *Editora comercial*
Emily R. Smith, M.A.Ed., *Vicepresidenta superior de desarrollo de contenido*
Véronique Bos, *Vicepresidenta de desarrollo creativo*
Dona Herweck Rice, *Gerenta general de contenido*
Caroline Gasca, M.S.Ed., *Gerenta general de contenido*
Dani Neiley, *Editora*
Fabiola Sepulveda, *Diseñadora gráfica de la serie*

Créditos de imágenes: pág.10 Art Heritage/Alamy Stock Photo; pág.11 (superior) Library of Congress [LC-USF34-010815-E]; pág.11 (inferior) United States Department of Transportation; pág.12 (superior) Library of Congress [LC-DIG-det-4a27486]; pág.12 (inferior) Indiana Historic Society; pág.13 © SZ Photo/Bridgeman Images; pág.14 fotografía de U.S. Army Signal Corps; pág.15 National Archives, Eisenhower Presidential Library, Abilene, Kansas; pág.17 Los Angeles Examiner; pág.19 (superior) Library of Congress [Evening star. [volumen], 7 de julio, 1961, Página B-2, imagen 24]; pág.19 (inferior) cortesía de Seattle Municipal Archive (imagen192804); pág.22 M&N/Alamy Stock Photo; todas las demás imágenes cortesía de iStock y/o Shutterstock

Library of Congress Cataloging-in-Publication Data

Names: Melendez, Alyxx, author.
Title: Todos a bordo de la interestatal / Alyxx Melendez.
Other titles: All aboard the interstate. Spanish
Description: Huntington Beach, CA : Teacher Created Materials, [2024] | Includes index. | Audience: Ages 8-18 | Summary: "The U.S. Interstate Highway System gets folks where they need to go. This network of fast-paced freeways changed how Americans live and move. The road to the Interstate begins with the oldest dirt roads and ends in the future. Ride along, and imagine what the next stop might look like"-- Provided by publisher.
Identifiers: LCCN 2023036268 (print) | LCCN 2023036269 (ebook) | ISBN 9798765960325 (paperback) | ISBN 9798765970669 (ebook)
Subjects: LCSH: Interstate Highway System--Juvenile literature. | Roads--United States--Juvenile literature.
Classification: LCC HE355 .M4518 2024 (print) | LCC HE355 (ebook) | DDC 388.10973--dc23/eng/20230901
LC record available at https://lccn.loc.gov/2023036268
LC ebook record available at https://lccn.loc.gov/2023036269

**En la portada se muestra una imagen
de Houston, Texas.**

5482 Argosy Avenue
Huntington Beach, CA 92649
www.tcmpub.com
ISBN 979-8-7659-6032-5
© 2024 Teacher Created Materials, Inc.
Printed by: 51497
Printed in: China

Tabla de contenido

Key West, Florida

Unidos por las carreteras

En Estados Unidos, millones de conductores se suben a sus vehículos y salen a la calle todos los días. Usan **carreteras** para llegar a distintos lugares. Algunos conductores se alejan solo unas pocas millas o kilómetros de casa. Otros tienen que cruzar dos estados o más. Sin importar a dónde vayan, el Sistema de **Carreteras Interestatales** de Estados Unidos los ayuda a llegar.

El Sistema de Carreteras Interestatales de Estados Unidos es una red de caminos. Está compuesto por 70 carreteras principales y cientos de caminos más cortos que atraviesan el país como una telaraña gigante.

Hay 46,876 millas (75,440 kilómetros) de caminos interestatales. Todos ellos funcionan igual, así que se aplican las mismas reglas en cada milla. Continúa leyendo para conocer estas reglas, quién las hace y cuándo se pueden romper.

Bueno, pero ¿qué es una autopista?

Casi todos los caminos del Sistema de Carreteras Interestatales son **autopistas**. Quizás hayas oído que algunas personas usan las palabras *carretera* y *autopista* como si significaran lo mismo, pero eso no siempre es correcto. Las autopistas son un tipo especial de carretera que no tiene **intersecciones**. Tienen un límite de velocidad alto porque no hay semáforos ni señales de alto que demoren el tránsito. Los conductores pueden confiar en que las autopistas los llevarán lejos y rápido.

autopistas en Los Ángeles, California

La Interestatal

A veces, "la Interestatal" se refiere a todo el Sistema de Carreteras Interestatales de Estados Unidos. También se puede llamar así a cualquier carretera interestatal. En ese caso, suele tratarse de la carretera interestatal más cercana a quien la menciona.

Las autopistas pueden pasar por encima o por debajo del suelo, sobre puentes o dentro de túneles. En todas las carreteras interestatales hay puentes o túneles para evitar los cruces con otros caminos. Los accesos permiten entrar a una carretera donde circulan otros vehículos. A veces, esos vehículos van muy rápido. Tienen que bajar la velocidad o pasarse a otro carril para que puedan ingresar otros autos. No se detienen en la carretera. Para **incorporarse** de forma segura, ¡los que llegan deben alcanzar esa velocidad! Por suerte, los accesos suelen tener una longitud adecuada para que los autos lleguen a acelerar a tiempo. En las carreteras también hay salidas con espacio para reducir la velocidad. Luego, el conductor puede detenerse en una intersección y sumarse al tránsito más lento.

Los vehículos entran en la carretera y salen de ella por lugares específicos.

puentes de carreteras en Seattle, Washington

Pagar para pasar

Las rutas con **peaje** son carreteras que no tienen un tránsito sin interrupciones como las autopistas. En algunas cabinas de peaje, el tránsito se detiene y los conductores deben pagar para pasar. Algunas de las primeras carreteras interestatales eran rutas con peaje. Al principio, los estados usaban el dinero de los peajes para terminar de construir el sistema interestatal. Hoy en día, ese dinero se usa para construir caminos nuevos o reparar los viejos. En muchas cabinas de peaje hoy se paga de forma electrónica. De esa manera, los autos ya no tienen que detenerse.

Acceso para bicicletas

Las bicicletas circulan por los mismos caminos que los autos aunque no haya un carril especial para bicicletas. Andar en bicicleta por las carreteras interestatales es legal en 11 estados. En otros 5 estados, las bicicletas están permitidas en algunas partes de la Interestatal. Los vehículos grandes y rápidos son un peligro para los ciclistas. Solo es legal circular en bicicleta por las carreteras interestatales menos transitadas.

Números y señales

La mayoría de las carreteras interestatales siguen el mismo sistema de numeración. Los conductores que entienden estos números no necesitan usar mapas. Las carreteras principales tienen números de uno o dos dígitos. Las carreteras más pequeñas que se unen a las grandes tienen números de tres dígitos. Las carreteras de números impares van de norte a sur. Las carreteras de números pares van de este a oeste. Pero este sistema de numeración no es perfecto. Sería confuso para los conductores que las carreteras interestatales tuvieran los mismos números que otras rutas. Por ese motivo, los números de las carreteras interestatales suelen estar desordenados.

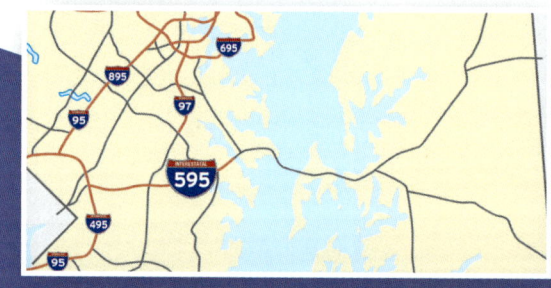

Interestatales invisibles

Hay 19 carreteras interestatales sin señalizar. Estas carreteras forman parte de la Interestatal, pero no están señalizadas con un escudo. La carretera sin señalizar más larga es la I-595, que está en Maryland. Recorre 20 millas (32 kilómetros).

Las carreteras interestatales están señalizadas con escudos azules y rojos. Los autos que iban por las primeras interestatales atravesaban ciudades concurridas a toda velocidad, y los viajeros no tenían tiempo de detenerse a hacer compras. Para solucionar ese problema, los estados crearon rutas de negocios. Las rutas de negocios son caminos cortos que se desprenden de carreteras interestatales. Se llaman *circuitos* (*loops*) o *ramales* (*spurs*), según la forma que tengan. Los circuitos de negocios vuelven a la carretera de la que salieron. Los ramales de negocios se adentran en una ciudad y no regresan a la carretera. Las rutas de negocios están señalizadas con escudos verdes, y no siempre se rigen por las reglas interestatales.

La historia de las carreteras

Imagina que cinco amigos hacen un viaje en auto juntos y que cada uno conduce por la Interestatal durante ocho horas mientras los demás duermen. Podrían llegar desde Washington D. C. hasta San Francisco en menos de dos días. Pero en 1919, Dwight D. Eisenhower, quien luego sería presidente, tardó 62 días en hacer ese recorrido. Sigue leyendo para averiguar por qué ese viaje fue tan difícil.

Poder perruno

La mayor parte de los pueblos indígenas de América del Norte no adiestraban animales para que los ayudaran a llevar cosas a la rastra. Pero algunas tribus de las Grandes Llanuras adiestraban a sus perros con ese propósito. Los perros jalaban de un vehículo llamado *travois*. Los palos del *travois* dejaban líneas profundas en el suelo a los lados de los caminos. En 1806, la famosa expedición de Lewis y Clark siguió estos rastros.

Los pueblos indígenas construyeron los primeros caminos de América del Norte. Lo hicieron miles de años antes de que existiera Estados Unidos. Los caminos indígenas eran calles de tierra que seguían las curvas del terreno. Los colonos europeos usaron esos mismos caminos cuando llegaron a América del Norte en el siglo XVII. Más adelante, comenzaron a usar carruajes tirados por caballos.

Se dice que los motores tienen caballos de fuerza por los caballos que alguna vez hicieron el trabajo.

En las ciudades muy **ajetreadas**, los carruajes arruinaron los caminos de tierra en poco tiempo. Los cascos de los caballos hacían pozos profundos en la tierra. Las ruedas de los carruajes se atascaban en los baches. Los colonos pavimentaron los caminos originales. Colocaron grava y arena sobre la tierra. Así, los caminos tuvieron la resistencia suficiente para soportar caballos y carruajes. Los colonos también crearon caminos nuevos.

trabajadores colocando grava en una carretera

Rápidos y furiosos

En 1908, Henry Ford creó el Ford T, un auto distinto a todos. La velocidad máxima del Ford T era de 40 a 45 millas (65 a 70 kilómetros) por hora. Era mucho más rápido que los carruajes. La mayor parte de los caminos de Estados Unidos no estaban preparados para esa velocidad. En la década de 1920, los Ford T se habían vuelto muy comunes. Ford vendía sus autos por un precio menor al de cualquier otra marca. Muchas familias podían comprar el Ford T. Les entusiasmaba viajar rápido y recorrer grandes distancias. Pero, debido al mal estado de los caminos, atravesar el país era casi imposible. Aunque las calles pavimentadas de las ciudades soportaban el tránsito pesado, la mayoría de los caminos del Medio Oeste eran de tierra. La tierra se convertía en un lodazal cada vez que llovía.

Madam C. J. Walker, una famosa empresaria, viaja en un Ford T en 1912.

una calle del siglo xx

Por lo general, quienes vivían cerca de los caminos se encargaban de repararlos. La gente no tenía suficiente dinero para construir caminos mejores, y los gobiernos de los estados tampoco. El gobierno federal tenía que ayudar a los estados. Entre 1916 y 1952, el Congreso sancionó cuatro leyes relacionadas con las carreteras. En conjunto, se conocieron como la Ley de Ayuda Federal para Carreteras. Estas leyes le permitían al gobierno federal gastar dinero en caminos. Pero en las cuatro leyes se les pedía a los estados que cubrieran la mitad de los gastos. Los estados no podían, así que la construcción no avanzó mucho.

Los primeros VE

Henry Ford

En 1900, cerca de un tercio de los estadounidenses conducían vehículos eléctricos, o VE. Los autos de gasolina eran ruidosos y difíciles de conducir, y olían mal. A muchas personas les gustaban más los autos eléctricos. ¡Una de ellas era Thomas Edison! Él ayudó a Henry Ford a construir vehículos eléctricos. Pero el Ford T lo cambió todo. Esos autos eran más de 1,000 dólares más baratos que los VE. La nueva tecnología hizo que los autos de gasolina fueran más fáciles de conducir.

La gran idea de Ike

En 1919, el Ejército de EE. UU. envió un grupo de soldados y mecánicos de Washington D. C. a San Francisco. Viajaron en **convoy** por la carretera Lincoln. Reparaban el camino viejo a medida que avanzaban. Uno de los soldados se llamaba Dwight D. Eisenhower. Todos lo conocían como Ike. Él escribió sobre todo lo que ocurrió en el viaje de 3,200 millas (5,150 kilómetros). (Más adelante, Eisenhower llegaría a ser un importante general y, luego, presidente).

Eisenhower y los demás no encontraron muchos problemas, hasta que llegaron a Nebraska. Los desiertos del oeste eran especialmente difíciles de atravesar. En algunas partes la arena estaba suelta y era resbaladiza y, en otras, estaba agrietada y llena de baches. Las ruedas se atoraban en zanjas, pozos y arenas movedizas. Los caminos de montaña también eran complicados. Las Montañas Rocosas y la Sierra Nevada tenían caminos empinados llenos de curvas. Por fin, el convoy llegó a los caminos pavimentados de California. Habían logrado llegar a San Francisco. Los vehículos del Ejército llegaron a averiarse 230 veces.

Las dificultades que enfrentaron los soldados al viajar por los caminos en mal estado del país sirvieron de motivación para mejorar las carreteras.

Foto: U.S. Army Signal Corps

vehículos del Ejército en un camino ancho de Alemania

Durante la Segunda Guerra Mundial, el Ejército de EE. UU. envió a Eisenhower a Alemania. Para él, las autopistas anchas y lisas de ese país fueron inspiradoras. El sistema de autopistas alemán se conoce como el *autobahn*. Las carreteras del *autobahn* tienen muchos carriles y en algunas partes no hay límite de velocidad. Eisenhower soñaba con el día en que Estados Unidos tuviera caminos así de elegantes. Estaba decidido a cumplir ese sueño.

El primer tributo a Lincoln

La carretera Lincoln se construyó en 1913. Se hizo nueve años antes que el Monumento a Lincoln. Después de 1956, los conductores empezaron a preferir la nueva Interestatal (I-80) para ir del este al oeste. Los nuevos caminos opacaron la carretera Lincoln. La antigua ruta está salpicada de estatuas, letreros y monumentos.

Un nuevo amanecer

En 1953, Eisenhower ganó las elecciones presidenciales. Su nuevo papel en el gobierno federal iba a ayudarlo a cambiar los caminos para siempre. Su **administración** pasó los tres años siguientes planeando la Interestatal. Hicieron mapas y establecieron las reglas. Finalmente, en 1956, Eisenhower presentó su plan ante el Congreso. El Congreso lo aceptó. Y así fue como se sancionó la Ley de Ayuda Federal para Carreteras de 1956.

La ley contemplaba la construcción de 41,000 millas (66,000 kilómetros) de caminos. Cada estado sería propietario de todos los caminos dentro de sus fronteras. Pero construir y mantener esos caminos sería costoso. Eisenhower sabía que los estados no podían pagar la mitad del precio. Los gobernadores de los estados no querían pedirles a los habitantes que pagaran impuestos más altos. Por eso, la nueva ley solo les pedía a los estados que pagaran el 10 por ciento de los costos. El 90 por ciento restante se cubriría con fondos federales. Esos fondos federales provenían de **impuestos indirectos**. La ley establecía impuestos sobre los autos, los camiones, los neumáticos y la gasolina. Todos los que compraran esos productos pagarían una pequeña parte de la Interestatal.

Al principio, el Congreso estimó que construir la Interestatal costaría 27,000 millones de dólares. Se esperaba que la construcción llevara 10 años. Poco después, fue evidente que este enorme proyecto iba a implicar mucho más tiempo y dinero.

la Interestatal 10 en construcción en Los Ángeles, California

Un puente entre estados

Hay una pequeña parte de la Interestatal que no siempre fue propiedad de los estados. El puente Woodrow Wilson tiene una extensión de una milla (cerca de dos kilómetros). Se inauguró en 1961. Un lado está en Virginia. El otro, en Maryland. El primer propietario del puente fue el gobierno federal. El puente se reconstruyó en 2006. El nuevo puente pertenece tanto a Virginia como a Maryland.

Barricadas

Planear la Interestatal fue tan sencillo como trazar líneas en un mapa. Construirla fue mucho más complicado. Algunas de las líneas se habían trazado sobre zonas donde vivían y trabajaban personas. La mayoría eran familias marginadas y personas de color. Para abrirle paso al cemento, se iban a destruir viviendas, tiendas, parques y espacios naturales. Imagina una familia que lleva muchos años viviendo en una casa. De pronto, alguien llama a su puerta y les dice: "El gobierno está construyendo una carretera que pasará por esta casa. Por favor, múdense a otro lado". ¿La familia haría las maletas y se iría, o lucharía por quedarse con su vivienda?

Al principio, las familias aceptaron mudarse. El gobierno les ofrecía dinero y un nuevo lugar donde vivir. Pero las familias **desplazadas** pronto sintieron que el trato no había sido justo. El dinero no podía devolverles sus tierras, y las viviendas del gobierno no podían reemplazar sus hogares. En las décadas de 1960 y 1970, en toda la nación hubo protestas contra las autopistas. Las personas que participaban en ellas eran **activistas**. Les pedían a sus vecinos que los ayudaran a protestar contra la Interestatal. Cuando los activistas formaron un grupo grande, sus voces se hicieron fuertes. Los políticos los escucharon. Hubo tantas **revueltas** contra las autopistas que el gobierno detuvo la construcción.

¿Quién fue primero?

Tanto Misuri como Kansas dicen haber tenido la primera carretera interestatal. Es difícil determinar qué estado está en lo cierto. La I-70 de Misuri fue la primera carretera en comenzar a construirse. La I-70 de Kansas fue la primera en terminarse. La carretera de Kansas ya estaba en construcción cuando se sancionó la ley de 1956. Lo que faltaba para completarla se pagó con fondos de la Interestatal.

los problemas asociados a las carreteras

KEY TO OTHER ROADS

Hearing Set on Vital Mile

Several highly-disputed interstate projects hinge on the outcome of a hearing to be held tomorrow for a vital one-mile stretch of freeway in Arlington County.

The hearing will be for a link between Interstate 66 and the proposed Three Sisters Bridge. The link is to be called Interstate 266, and will be built in Spout Run Park.

This is the only hearing required by law before the State Highway Commission can approve the project and submit it for Federal approval. The hearing starts at 10:30 a.m. at Arlington Courthouse.

D. C. Controversy

Civic groups already have opposed the Three Sisters Bridge. The groups argue that its completion would demand construction of a freeway through Glover-Archbald Park.

The National Capital Plan-

Heavy line shows propos... and controversial ram... Three Sisters Bridge.

Fight Urged On Freeway For McLean

A meeting to protest a freeway proposed for the McLean area drew more than 350 citizens to Chesterbrook School last night.

David N. Yerkes of 4311 Kirby road, McLean, a Washington architect, organized the gathering to oppose an express highway sought by Fairfax planners for the Little Pimmitt Run Valley.

Speakers argued that the freeway was not needed and that it would lower property values.

The route, one of eight considered by the Fairfax Planning Commission, would connect the Dulles Airport freeway and a proposed bridge to the District at Arizona avenue N.W. An estimated 60 to 100 homes would have to be destroyed if the route is approved.

El Congreso no se había dado cuenta de que la Interestatal sería tan costosa. Esto fue, en parte, porque no calcularon los costos de las **rutas de acceso**. Para ser interestatales, las carreteras precisan buenas rutas de acceso. Los autos necesitan incorporarse a la carretera o salirse de ella con facilidad. Al final, la Interestatal costó cerca de 129,000 millones de dólares. El gobierno federal pagó más de 114,000 millones de esa cantidad. Pero ¿recuerdas los impuestos indirectos sobre los neumáticos y la gasolina? Quienes conducen seguido compran más gasolina y desgastan el auto y los neumáticos más rápido. Así, quienes usan las carreteras más seguido también pagan más dinero para repararlas.

Resultados

Gracias a la Interestatal, los vehículos podían cruzar el país en tiempo récord. El tránsito rápido mejoró la vida de las personas de muchas maneras. Las tiendas podían vender alimentos que provenían de estados lejanos. Las farmacias podían vender más medicamentos y salvar más vidas. Y las personas ganaron libertad para explorar el país. Pero las carreteras interestatales muchas veces reemplazaban a otros caminos. Algunas carreteras famosas, como la Ruta 66, perdieron popularidad. Las tiendas y los moteles que estaban al costado de las viejas carreteras fueron cerrando uno tras otro. Las atracciones turísticas se convirtieron en pueblos fantasma. Las carreteras interestatales le dieron un nuevo ritmo a la vida estadounidense y alteraron el anterior.

De una frontera a la otra

Hay una sola carretera Interestatal en Estados Unidos por la que se puede ir directamente desde la frontera con Canadá hasta la frontera con México. Es la I-5 de la Costa Oeste. Se extiende desde el norte de Washington hasta San Diego, California.

fragmento original de la Ruta 66 de Estados Unidos, terminada en 1931

Por el camino

La Ley de Ayuda Federal para Carreteras de 1956 no fue la última ley relacionada con las carreteras. Habría dos leyes más con el mismo nombre. Con la ley de 1968 se construyeron nuevas carreteras. La Interestatal creció 1,500 millas (cerca de 2,400 kilómetros). Esa ley también ayudaba a las personas desplazadas a encontrar un lugar donde vivir. La ley de 1973 hizo posible que se construyeran más rutas de acceso. Además, cambió la forma en que se gastaban los fondos federales. A partir de esa ley, los estados podían gastar el dinero de la Interestatal en transporte público además de hacerlo en las carreteras. Con las dos leyes se pagaron nuevos programas de seguridad vial.

En 1982, los legisladores decidieron actualizar las leyes dándoles nombres nuevos. Esto comenzó con la Ley de Asistencia al Transporte de Superficie (STAA, por sus siglas en inglés). La STAA imponía un impuesto de cinco centavos sobre cada galón de gasolina que se comprara. Luego, llegó la Ley de Equidad en el Transporte (TEA, por sus siglas en inglés). Estas leyes se sancionaron en 1998 y 2005. La TEA

Un autobús para en Utah, 1955.

estableció nuevas reglas para planificar caminos. Los caminos nuevos debían ser rápidos y seguros. Debían contribuir a la economía y al medioambiente. También tenían que conectarse fácilmente, y no solo con otros caminos. El plan de la Ley TEA también incluía trenes, aviones y barcos. Eso **agilizaría** el transporte de carga además del de personas.

Interestatal 80, en Utah

De una costa a la otra

Hay tres carreteras interestatales que van de costa a costa. Son la I-10, la I-80 y la I-90. Permiten visitar el océano Atlántico y el océano Pacífico con apenas unos días de diferencia haciendo un viaje en auto. ¡En ese viaje, se podría demostrar qué costa tiene las playas más soleadas o los mariscos más deliciosos!

Hay más de 4 millones de millas (6.5 millones de kilómetros) de caminos en Estados Unidos. Pero no es suficiente para el ajetreado mundo moderno. El 20 por ciento de esos caminos están en mal estado. Los conductores necesitan más carriles y mejores carreteras. De nuevo, los estados necesitan fondos federales para pagarlos.

La Ley FAST de 2015 es una ley de carreteras moderna. FAST es la sigla de Fixing America's Surface Transportation ("reparación del transporte de superficie estadounidense"). El presidente Barack Obama aprobó esta ley, que permitía al gobierno invertir miles de millones de dólares en transporte. El presupuesto destinado a las carreteras fue de unos 165,000 millones de dólares. La ley FAST expiró en 2021. El gobierno federal deberá elaborar nuevos planes para mantener en buen estado las carreteras de la nación.

Hawái, Alaska y Puerto Rico

No se puede llegar por carretera a los estados **contiguos** de Estados Unidos desde Hawái ni desde Puerto Rico. De todas formas, el Sistema de Carreteras Interestatales de Estados Unidos paga algunos caminos de esas islas y de Alaska. Esos caminos no siempre se rigen por las mismas reglas que otras interestatales. Las tres "interestatales" de Hawái están señalizadas con escudos rojos y azules. Alaska y Puerto Rico tienen cuatro "interestatales" cada uno. Ninguna de esas ocho carreteras tiene los escudos ni la numeración de una interestatal.

¿Qué sigue?

Empezar una nueva obra será costoso y hará que el tránsito vaya más lento durante meses. Pero hay **visionarios** que creen que esto no es un problema. Otros proyectos anteriores de construcción de caminos han demostrado que, a la larga, una pequeña demora trae mayor velocidad. Y cuando el gobierno invierte en un gran proyecto, miles de trabajadores consiguen empleo. En la creación de buenas carreteras participan obreros de la construcción, urbanistas y científicos de muchas áreas. Los trabajadores que mejoran la Interestatal cobran en el presente para que podamos transitar el futuro.

El transporte hoy en día

En algún momento, la Interestatal fue el sueño de los conductores estadounidenses. Después de más de medio siglo, quizás sea hora de volver a soñar. La población mundial crece y la humanidad está aprendiendo formas de viajar más rápido. A medida que aumenta la cantidad de conductores, hay más tránsito, y a medida que aumenta el tránsito, se generan más problemas.

carretera de Nueva York

Las autopistas del futuro deberán tener más carriles para que entren más autos. Pero la construcción también puede dañar el medioambiente. Los caminos suelen construirse donde viven animales. Además, un millón de animales mueren por día en Estados Unidos atropellados por autos. Los puentes para animales silvestres pueden mejorar esa triste realidad. Los animales pueden cruzar las autopistas de forma segura sobre estos puentes cubiertos de tierra. Esta es una de

puente de tierra para que los animales crucen por encima de una carretera

las tantas formas **innovadoras** de construir carreteras que respetan la Tierra. Los científicos trabajan todos los días para mejorar las tecnologías que funcionan con energía no contaminante. Quizá las carreteras interestatales puedan actualizarse.

Como en el pasado, cualquiera puede lograr cambios. Para crear una Interestatal nueva, asegúrate de que tu diseño cumpla las leyes. Luego, envía el diseño al departamento de transporte de tu estado. ¡Quizá tu idea pase a la historia!

Los peajes en la actualidad

En un principio, las cabinas de peaje se instalaron en la Interestatal para pagar el resto de la carretera. Aunque el gasto total que llevó construir la Interestatal ya se terminó de pagar hace mucho tiempo, las cabinas siguen cobrando peaje. El tránsito pesado daña los caminos, así que siempre hay proyectos que se pagan con el dinero de los peajes. Hoy en día, los estados usan esos fondos para costear el mantenimiento de todos los caminos.

¡Haz un mapa!

El Sistema de Carreteras Interestatales de Estados Unidos ofrece muchas rutas entre los 48 estados contiguos. Los viajeros tienen que usar mapas, aplicaciones o internet para elegir la mejor forma de llegar a destino.

En esta actividad, planificarás tu viaje ideal por carretera con un mapa de la Interestatal.

1. Forma un grupo de dos a cuatro integrantes con amigos o compañeros.
2. Cada integrante debe escoger un estado que tenga ganas de visitar y al que se pueda llegar desde otro estado usando la Interestatal. Asegúrense de elegir estados diferentes.
3. Sombreen o coloreen cada estado en el mapa.
4. En grupo, hablen sobre qué caminos podrían tomar para conectar todos esos estados. Tracen los caminos con lápiz.
5. Decidan qué camino convendría tomar. Piensen en la extensión, los paisajes y los desafíos del viaje. Tracen el camino elegido con un marcador y borren los otros caminos.
6. Escriban un plan de viaje en otra hoja. Incluyan el número de todas las carreteras en el orden que haya decidido el grupo. Asegúrense de incluir en qué sentido deben tomar cada carretera. Por ejemplo, I-5 Norte a I-80 Este.

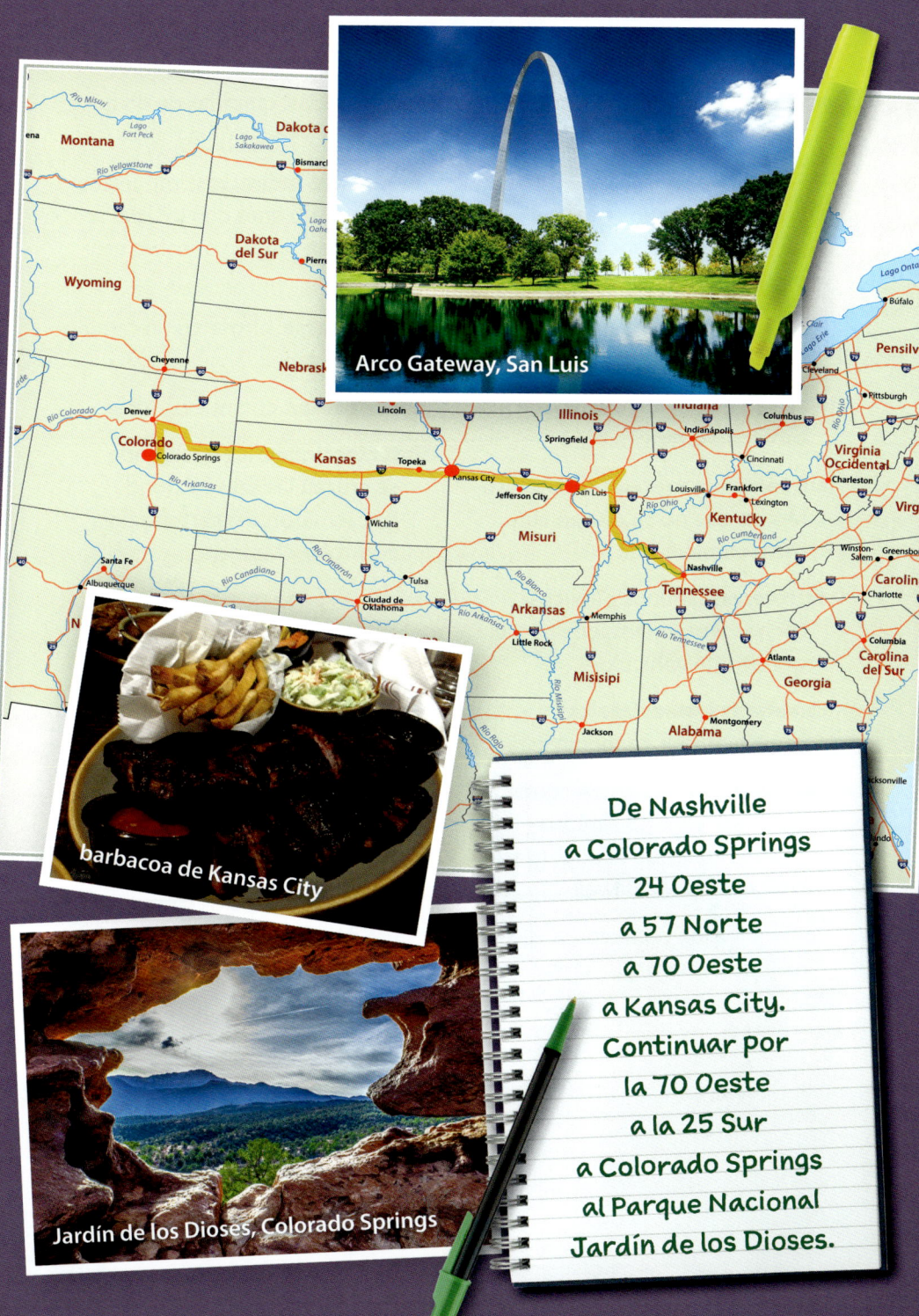

Arco Gateway, San Luis

barbacoa de Kansas City

Jardín de los Dioses, Colorado Springs

De Nashville
a Colorado Springs
24 Oeste
a 57 Norte
a 70 Oeste
a Kansas City.
Continuar por
la 70 Oeste
a la 25 Sur
a Colorado Springs
al Parque Nacional
Jardín de los Dioses.

Glosario

activistas: personas que toman medidas fuertes para cambiar algo en la política o la sociedad

administración: un grupo de personas que trabajan para un presidente determinado

agilizaría: haría algo más rápido o fácil

ajetreadas: que tienen mucha actividad o movimiento

autopistas: carreteras de tránsito rápido que no se cruzan con otros caminos

carreteras: caminos públicos, anchos y pavimentados para el tránsito de vehículos

carreteras interestatales: carreteras que conectan estados

contiguos: que están en contacto; se refiere a los 48 estados continentales de EE. UU. (sin contar Alaska y Hawái)

convoy: varios vehículos, a veces militares, que viajan juntos

desplazadas: quitadas de un lugar, muchas veces por la fuerza

impuestos indirectos: impuestos a ciertos bienes con los que se financian proyectos sobre esos bienes

incorporarse: entrar en un camino desde otro

innovadoras: con nuevas ideas

intersecciones: lugares donde se cruzan las calles y donde hay semáforos o carteles para controlar el tránsito

peaje: el pago que se hace para transitar por algunos lugares, como las autopistas

revueltas: protestas organizadas en contra de algo injusto

rutas de acceso: caminos para entrar a la carretera o para salir

travois: una canasta tejida que se ata entre dos palos largos y se usa para arrastrar bienes

visionarios: personas que aprenden del pasado para imaginar un futuro mejor

Índice

Autos de la década de 1960 circulan por una autopista de Los Ángeles, California.

¡Aprende más!

Dwight Eisenhower no fue la primera persona en tener grandes expectativas con respecto a las carreteras. Muchas mentes brillantes ayudaron a trazar los caminos que más adelante se convertirían en carreteras interestatales. Entre esas personas estaban Woodrow Wilson, Thomas Harris MacDonald y John J. Pershing.

✳ Escoge una de esas tres personas y crea un cartel sobre su contribución a las carreteras estadounidenses.

✳ En una parte pequeña del cartel, escribe algunos datos sobre la vida de esa persona.

✳ En la parte más grande del cartel, responde las siguientes preguntas:

- ¿Cómo se llamó el plan de la persona para mejorar el sistema de carreteras de EE. UU.?

- ¿En qué año elaboró el plan?

- ¿Para qué organización trabajaba en ese momento?

- ¿Cómo contribuyó a crear la Interestatal?